### 복 있는 사람

오직 여호와의 율법을 즐거워하여 그 율법을 주야로 묵상하는 자로다.
저는 시냇가에 심은 나무가 시절을 좇아 과실을 맺으며 그 잎사귀가
마르지 아니함 같으니 그 행사가 다 형통하리로다. (시편 1:2-3)

부모의 의무

J. C. Ryle

# Duties of Parents

# 부모의 의무

J. C. 라일 지음 | 장호준 옮김

복 있는 사람

# 부모의 의무

2012년 6월 25일 초판 1쇄 발행
2025년 4월 30일 초판 17쇄 발행

지은이 J. C. 라일
옮긴이 장호준
펴낸이 박종현

(주) 복 있는 사람
서울특별시 마포구 연남동 246-21 (성미산로 23길 26-6)
Tel 723-7183(편집), 723-7734(영업·마케팅) | Fax 723-7184
hismessage@naver.com
등록 1998년 1월 19일 제1-2280호

ISBN 979-11-7083-259-1

## Duties of Parents
by J. C. Ryle

Copyright ⓒ 1993 by Grace and Truth Books
Originally published in English under the title
*Duties of Parents*
Published by Grace and Truth Books
3406 Summit Blvd. Sand Springs, Oklahoma, U.S.A.
All rights reserved.

Translated and used by the permission of Grace and Truth Books
This Korean edition Copyright ⓒ 2012 by The Blessed People Publishing Inc., Seoul, Korea.

이 책의 한국어판 저작권은 Grace and Truth Books와 독점 계약한 (주) 복 있는 사람이 소유합니다.
신저작권법에 의해 한국 내에서 보호를 받는 저작물이므로 무단전재와 복제를 금합니다.

차례

1장
마땅히 행할 길을 가르치라 _9

2장
자녀양육을 위한 17가지 지침 _15

3장
영혼을 소중히 여기라 _83

주 _89

1장

# 마땅히 행할 길을 가르치라

"마땅히 행할 길을 아이에게 가르치라. 그리하면 늙어도 그것을 떠나지 아니하리라"(잠 22:6).

그리스도인이라면 누구나 한번쯤은 이 말씀을 들어봤을 것입니다. 귀에 익은 곡조처럼 익숙한 말씀일 것입니다. 다른 사람의 이야기를 통해서든, 책을 통해서든, 설교를 통해서든 한번쯤은 들어 보지 않았습니까?

하지만 정작 이 말씀의 의미를 제대로 아는 사람은 극히 드뭅니다! 이 말씀이 요구하는 의무를 준행하는 사람은 더 찾아보기 어렵습니다. 정말 두려울 정도입니다. 제 말이 맞지 않습니까? 이 말씀이 새로운 주제를 언급하기 때문이 아닙니다. 하나님께서 사람을 지으신지 수많은 시간이 지났습니다. 그동안 사람들은 무수한 경험들을 축적했습니다. 사실 인류 역사상 지금처럼 자녀교육에 대한 열정이 뜨거운 적도 없었습니다. 이미 수없이 많은 이론과 방법들이 개발되었지만, 하루가 멀다 하고 새로운 이론과 체계가 등장합니다. 청소년과 어린아이를 대상으로 하는 책들이 쏟아져 나옵니다. 그러나 우리의 현실은 어떻습니까? 대부분의 자녀들이 마땅히 받아야 할 교육을 받지 못하고 있습니다. 그러다가 성년이 되면 하나님을 떠납니다. 이런 현실을 어떻게 설명해야 합니까? 한 가지 분명한 점은, 사람들이 본문이 말하는 주님의 계명에 주목하지 않는다는 사실입니다. 자연히 본문이 말하는 주님의 약속 또한 이루어질 리 없습니다.

부모 여러분, 이런 상황을 볼 때 자신이 부모로서 행해야 할 의무를 제대로 알고 있는지, 그 의무를 힘써 행하고 있는지 잘 살펴봐야 합니다. 그리고 필요하다면 목회자에게도 조언을 구해야 합니다. 부모라고 한다면 "나는 부모로서 의무를 제대로 행하고 있는가?"라고 자문해 봐야 합니다. 이 질문이 필요하지 않은 부모는 아무도 없습니다.

반드시 자녀를 둔 부모만이 아닙니다. 모든 사람이 관련된 문제입니다. 이 주제와 상관없는 가정은 하나도 없습니다. 부모, 보모, 교사, 삼촌, 숙모, 형제, 자매 등의 관계로 엮이지 않은 사람이 없습니다. 이 문제와 상관없다고 말할 수 있는 사람은 아무도 없습니다. 우리 모두가 어떤 식으로든 자녀양육에 직간접적으로 영향을 끼치고 있습니다. 그래서 저는 이 말씀이 우리 모두에게 필요한 말씀이라고 확신합니다. 저는 모두가 이 말씀을 깨닫고 마음에 새기기를 바랍니다.

이는 또한 관련된 사람들이 마땅히 행해야 할 바를 소홀히 할 위험이 아주 큰 주제입니다. 자기 자신보다는 이웃이나 다른 사람의 잘못을 발견하고 지적하기 쉬운 주제이기도 합니다. 다른 사람의 잘못을 일일이 지적하면서 자기 자녀에게는 그 사람과 똑같이 합니다. 다른 가정의 티는 기가 막히게 잘 보면서 자기 가정의 들보는 전혀 보지 못합니다. 자기 가정에서 날마다 되풀이하는 치명적인 오류는 박쥐같이 침침한 눈으로 보지만, 다른 가정에서 드러나는 잘못은 독수리같이 예리한 눈으로 살핍니다. 교회의 다른 지체들 가정의 자녀양육에 대해서는 지혜롭게 조언하면서, 정작 자기 혈육의 문제에 대해서는 그렇게 미련할 수가 없습니다.[1] 그러므로 이 주제와 관련하여 과연 자신이 제대로 판단하고 있는지를 자문해 봐야 합니다.

지금부터 바른 자녀양육을 위한 몇 가지 지침들을 드리겠습니다. 이런 지침들을 마음으로 받고 따를 때 성부 하나님, 성자 하나님, 성령 하나님께서 여러분의 노력에 복을 주시고 때를 따라 이 지침들이 적용되도록 도우실 것입니다. 단순하고 직설적으로 말한다고 무시하거나 거절하지 마십시오. 새로울 것이 없다는 이유로 지나치지 마십시오. 자녀가 천국을 향해 나아가고 이 땅에서 천국을 살아가기 원한다면 어느 것 하나라도 가볍게 지나칠 수 없습니다.

2장

## 자녀양육을 위한 17가지 지침

지금부터 바른 자녀양육을 위한 몇 가지 지침들을 드리겠습니다.

1. 자녀가 원하는 대로 하도록 내버려두지 말고 그들이 마땅히 행해야 하는 방식을 따라 살도록 훈련하십시오.
자녀들은 태어날 때부터 악에 치우쳐 있습니다. 그렇기 때문에 하고 싶은 대로 하도록 내버려 두면 분명히 잘못된 선택을 하게 됩니다. 아무리 부모라 해도 갓난아이 하나 부모가 원하는 모습으로 자라게 할 수 없습니다. 키가 클지 작을지, 지혜로울지 어리석을지, 약할지 강할지는 아무도 모릅니다. 다만 부모가 자녀들에 대해 분명히 말할 수 있는 한 가지가 있습니다. 그들 역시 부패한 죄성을 갖고 있다는 사실입니다. 본성적으로 우리는 그릇 행하게 되어 있습니다. "아이의 마음에는 미련한 것이 얽혀 있다"고 솔로몬은 말합니다(잠 22:15). 또한 "임의로 행하게 버려 둔 자식은 어미를 욕되게" 한다고 말합니다(잠 29:15). 우리 마음은 날마다 밟고 다니는 땅과 같습니다. 그냥 내버려 두면 어느새 잡초로 무성해져 버립니다.

그러므로 자녀를 지혜롭게 양육하기 위해서는 무엇보다도 자녀가 원하는 대로 하도록 내버려 두어서는 안 됩니다. 자녀를 눈멀고 병든 사람이라 생각하고 자녀를 위해 판단하고 행동해야 합니다. 자녀를 진심으로 위한다면 자녀가 원하는 대로 하도록 내버려 두어서는 안 됩니다. 자녀가 바라고 원하는 것을 다 들어줘서도 안 됩니다. 자기 몸에 유익이 되는 것도 제대로 분별하지 못하는데, 자기 영혼과 지각에 도움이 되는 것을 분간할 수 있겠습니까? 무엇을 먹을지, 무엇을 마실지, 어떤 옷을 입을지를 자녀에게 맡겨 둬서는 안 됩니다. 항상 일관된 태도로 자녀의 마음을 다루십시오. 성경대로 바르게 자녀를 훈련하십시오. 자녀가 원하는 대로 하도록 내버려두지 마십시오.

그리스도인의 자녀양육에 대한 이 첫 번째 원리에 대해서조차 아직 마음을 정하지 못한 부모가 있다면, 계속해서 이 글을 읽어 봐야 아무 소용이 없을 것입니다. 대개 자녀들에게서 가장 먼저 드러나는 것은 고집입니다. 이것을 꺾는 것이 바로 올바른 자녀양육을 위한 첫걸음입니다.

2. 모든 다정함과 애정과 인내로 자녀를 훈련해야 합니다. 무엇이든 참고 들어주어 응석받이로 만들라는 말이 아닙니다. 부모인 여러분이 얼마나 자녀를 사랑하는지 알게 하십시오.

사랑이라는 은실이 여러분의 모든 행동들을 한 땀 한 땀 꿰고 있어야 합니다. 여러분이 자녀의 마음을 얻고 싶다면, 친절, 부드러움, 오래 참음, 용서, 인내, 연민, 기꺼이 고민을 들어주고 함께 까르르 장난치고 웃을 수 있는 마음을 품으십시오. 강제로 하기보다 마음이 이끌려 하기를 원하는 것은 누구나 마찬가지입니다. 사람은 누구나 강제로 무엇을 하는 것을 싫어합니다. 목을 꼿꼿이 세우고 어떻게 해서라도 하지 않으려고 합니다. 우리는 모두 조련사의 손에 있는 망아지와 같습니다. 부드럽고 사랑스럽게 대해 주면 점점 조련사가 이끄는 대로 가기 시작합니다. 반면에 거칠고 과격하게 다루면 몇 개월이 지나도 잘 길들여지지 않습니다.

아이들의 마음은 우리와 똑같습니다. 가혹하고 냉정한 태도에 겁먹고 움츠러듭니다. 마음을 닫아 버립니다. 그러고 나면 아무리 그 마음으로 들어가려고 애써 봐야 소용이 없습니다. 부모로서 여러분이 얼마나 자녀들을 사랑하는지 그들이 알고 느끼도록 하십시오. 여러분이 진실로 원하는 것은 그들의 행복과 유익임을 알게 하십시오. 설령 그들을 벌하더라도 그들의 유익을 위해서 벌하는 것임을 알도록 하십시오. 반쯤 소화된 먹이를 다시 토해 내서 새끼를 먹이는 펠리컨처럼, 성심으로 자녀의 영혼을 위하십시오. 부모가 얼마나 자신을 위하는지 알게 되면 자녀는 금세 부모에게 마음을 엽니다. 자녀의 마음을 얻고자 한다면 모든 친절과 사랑으로 그 마음을 구해야 합니다. 그렇게 하는 것은 순리에도 부합합니다. 자녀는 어리고 유약한 존재이기 때문에 인내를 가지고 섬세하게 대해야 합니다. 정밀한 기계를 다룰 때처럼 말입니다. 거칠고 성급하게 자녀를 대하면 도움을 주기보다 해를 끼칠 뿐입니다. 알맞고 적당한 세기로 물을 줘야 하는 어린 식물을 다루듯이 자녀를 가르쳐야 합니다. 자주 가르치되 한 번에 조금씩 가르쳐야 합니다.

한 번에 모든 것을 가르쳐서는 안 됩니다. 자녀가 어떤 존재인지를 기억하고 그가 감당할 만큼씩만 가르쳐야 합니다. 자녀의 지각은 쇳덩이와 같습니다. 한 번 두들긴다고 연마되어 쓸모 있는 연장이 되는 것이 아닙니다. 계속해서 조금씩 두들겨 온전한 모습으로 만들어 가야 합니다. 자녀의 이해력은 주둥이가 좁은 긴 목을 가진 병과 같기 때문에, 자녀를 가르칠 때는 지식의 포도주를 계속해서 조금씩 따라 부어야 합니다. 그렇지 않고 한 번에 너무 많이 부으면 넘쳐서 못쓰게 됩니다. 한 줄 한 줄, 한 마디 한 마디, 여기서 조금 저기서 조금 가르쳐야 합니다. 연장을 숫돌에 갈 때 한 번에 아주 조금씩 갈지만 계속해서 갈기 때문에 무딘 낫도 어느새 예리한 날을 가진 연장으로 변합니다. 자녀를 훈련하는 것도 마찬가지입니다. 인내로 훈련하지 않으면 아무것도 얻을 수 없습니다.

자녀를 훈육하는 데 온유와 사랑만큼 필요한 것은 없습니다. 목사도 예수님처럼 강력하고 확고하고 분명하게 진리를 설파할 수 있습니다. 하지만 사랑으로 전하지 않으면 영혼들을 구원에 이르게 하기는 어렵습니다. 마찬가지로 부모는 자녀들에게 그들이 마땅히 해야 할 의무들을 요구할 수 있습니다. 명령하거나 설득하거나 자녀의 불순종에 체벌하는 등 여러 가지 방법을 사용할 수 있습니다. 하지만 애정이 빠지면 이런 수고는 모두 헛된 것이 되고 맙니다.

사랑은 성공적으로 자녀를 훈육하는 비결 가운데 하나입니다. 엄한 태도로 화를 내면 자녀를 겁먹게 할 수 있지만 여러분이 하는 말에 수긍하게 하지는 못합니다. 화를 내고 분노를 표출하는 일이 반복되면 부모에 대한 존경은 곧 사라지고 맙니다. 사울처럼 아들(요나단)을 대하는 아비라면 어떤 식으로도 자녀에게 선한 영향을 줄 수 없습니다(삼상 20:30).

자녀의 사랑을 잃어버리지 않도록 노력하십시오. 자녀가 여러분을 두려워하지 않게 하십시오. 이것은 아주 위험한 일입니다. 자녀에게 윽박지르거나 자녀를 움츠러들게 해서도 안 됩니다. 겁에 질린 자녀는 더 이상 자기 마음을 열지 않고 속내를 숨기기 시작합니다. 두려움은 위선을 불러오고 결국 거짓말로 이끕니다. 이런 면에서 골로새 성도들에게 보낸 편지에서 한 사도의 말은 우리가 계속해서 파고들어야 할 진리의 광맥입니다. "아비들아, 너희 자녀를 노엽게 하지 말지니 낙심할까 함이라"(골 3:21). 이 권고를 가볍게 여기지 마십시오.

## 3. 자녀를 형성하는 많은 부분이 여러분에게 달려 있음을 항상 기억하십시오.

은혜는 모든 원리 가운데 가장 강력한 것입니다. 죄인의 마음에 은혜가 임했을 때 어떤 놀라운 변화가 일어나는지 보십시오. 은혜가 어떻게 사탄의 강력한 진을 파하는지 보십시오. 은혜가 어떻게 산을 깎고 골짜기를 매워 모든 굽은 것을 평탄케 하는지, 어떻게 모든 사람을 새로운 피조물이 되게 하는지 보십시오. 사실상 은혜가 하지 못할 일은 없습니다.

본성 역시 매우 강력합니다. 어떻게 본성이 하나님 나라의 일들을 대적하는지 보십시오. 어떻게 본성이 더욱 거룩해지려는 모든 시도들을 막아 내는지 보십시오. 어떻게 본성이 우리가 마지막 숨을 거두기까지 우리 안에서 쉬지 않고 싸우는지 보십시오. 본성은 너무나 강력합니다.

하지만 본성과 은혜 다음으로 교육만큼 큰 영향을 주는 것도 없습니다. 일찍 몸에 밴 습관은 우리의 전부라고 봐도 될 정도입니다. 부모의 양육을 통해 우리는 지금의 모습이 되었습니다. 출생 후 몇 년간의 양육이 우리의 성품을 형성합니다.[2]

양육하는 사람이 미치는 영향은 실로 엄청납니다. 거의 평생을 따라다니는 개성, 취향, 기호와 같은 것들을 그들로부터 받습니다. 우리는 어머니가 쓰는 말을 그대로 따라 합니다. 거의 의식하지 못할 정도로 자연스럽게 배웁니다. 말뿐 아닙니다. 그들의 태도나 습관, 사고방식도 마찬가지입니다. 우리가 주변의 누구로부터 어떤 것들을 어떻게 받아들였는지가 시간이 지날수록 분명히 드러납니다. 이 부분에 대해 존 로크John Locke는 "우리가 만나는 사람들 가운데 열의 아홉은, 그 성격이 선하든 악하든, 유익하든 유익하지 않든 상관없이, 어렸을 때 받은 교육을 통해 형성된 모습을 그대로 가지고 있다"라고까지 말했습니다.

이 모든 것은 하나님의 자비로운 섭리 가운데 하나입니다. 하나님께서는 자녀들이 지각을 통해 주변의 모든 영향을 스폰지와 같이 흡수하도록 하셨습니다. 태어나는 순간부터 자녀들이 여러분의 말을 믿고, 여러분의 권면을 당연한 것으로 받도록 하셨습니다. 낯선 사람의 말보다는 부모인 여러분의 말을 신뢰하도록 하셨습니다. 다시 말해, 부모인 여러분에게 자녀를 바로 양육할 수 있는 천금과 같은 기회를 주신 것입니다. 이 기회를 소홀히 해서 잃어버리는 일이 없도록 하십시오. 한 번밖에 없는 기회입니다. 한 번 놓치면 다시는 돌아오지 않습니다. 부모가 자녀에게 해줄 수 있는 것은 아무것도 없다거나, 자녀들이 알아서 하도록 그냥 곁에서 지켜봐 주면 된다고 하는 끔찍한 기만에 속지 마십시오. 발람처럼 자녀를 키우는 자들이나 그렇게 합니다. 자녀들이 의인으로 살다가 죽기를 바라면서도 정작 의인으로 살게 하기 위한 도움은 전혀 주지 않습니다. 바라는 것은 많지만 얻는 것이 없습니다. 마귀는 부모들이 이런 식으로 생각하기를 바랍니다. 항상 어떻게 하면 사람들로 하여금 게으름을 핑계 대고 주어진 방편을 소홀히 하게 만들까 궁리합니다!

아무리 부모라도 자녀를 회심시킬 수는 없습니다. 거듭나는 것은 사람이 원한다고 되는 것이 아니고 하나님의 뜻에 따라 되는 것입니다. "마땅히 행할 길을 아이에게 가르치라"고 하나님께서는 분명히 말씀하십니다.

명령하실 뿐 아니라 명령을 지키는 사람에게 그것을 행할 수 있도록 은혜를 주시는 분이 하나님이십니다. 하나님의 명령에 대해 불평하지 않고 즉시 순종하는 것이 우리의 의무입니다. 우리가 순종할 때 하나님께서는 그 일을 이루어 주십니다. 순종은 하나님의 복을 받는 길입니다. 가나 혼인잔치에서 예수님의 말씀대로 항아리에 물을 가득 채운 종들과 같이 우리는 그저 그분의 말씀을 준행하기만 하면 됩니다. 물을 포도주가 되게 하는 일은 주님의 몫입니다.

## 4. 자녀의 영혼이 가장 소중하다는 사실을 항상 기억하십시오.

어린 자녀들이 얼마나 사랑스럽고 소중합니까! 그들이 사랑스러운 만큼 그들의 영혼에 관심을 가져야 합니다. 이들의 영혼보다 더 소중한 문제가 어디 있습니까? 영원히 죽지 않는 자녀들의 영혼이 가장 소중합니다. 세상과 모든 부귀영화는 다 사라집니다. 산도 녹고 하늘도 물러갑니다. 해도 빛을 잃을 때가 옵니다. 하지만 여러분이 사랑하는 이 작은 피조물 안에 있는 영혼은 영원합니다. 이 영혼이 영원히 행복할 것인가 비참할 것인가는 ("사람의 관례를 예로 들어서" 말하면, 갈 3:15, 새번역) 여러분의 손에 달려 있습니다.

자녀를 위해 무엇을 하든지 항상 이 사실을 기억해야 합니다. 자녀를 위한 계획을 세우고 자녀의 장래를 준비할 때마다 스스로에게 물어봐야 할 질문이 있습니다. "내가 이렇게 하면 자녀들의 영혼에 어떤 영향을 미칠까?"

영혼을 사랑하는 것이야말로 모든 사랑의 진수입니다. 이 세상이 자녀의 전부이고 이 세상에서 누리는 만족이 최고의 만족이라도 되는 양, 그들이 바라는 것을 전부 들어주고 제멋대로 하도록 내버려 두는 것은 진정한 사랑이 아닙니다. 그렇게 하는 것은 오히려 자녀를 학대하는 것입니다. 이 세상을 전부로 알고 사는 짐승으로 부리는 것입니다. 이는 자녀가 어릴 때부터 배워야 하는 위대한 진리를 감추는 것입니다. 일생의 목적은 영혼이 구원받는 것이라고 하는 진리를 가르쳐 주지 않는 것입니다.

　자녀가 천국을 바라며 살도록 자녀를 훈련시키기를 원하는 참된 그리스도인은 유행의 노예가 되어서는 안 됩니다. 무엇을 하는 이유가 주변 사람들이 다 하기 때문이어서는 안 됩니다. 남들이 하니까 무엇을 하고 남들이 가르치니까 그대로 가르치려고 해서는 안 됩니다. 다른 집 자녀들이 다 읽는다고 해서 미심쩍은 내용인지 살펴보지도 않고 읽혀서는 안 됩니다. 세태가 그렇다고 우리의 자녀들 역시 미덥지 못한 습관을 가지고 살도록 내버려 두어서는 안 됩니다. 늘 자녀들의 영혼을 염두에 두면서 그들을 양육해야 합니다. 유별나다는 소리를 들을 각오를 해야 합니다. 그런 소리를 들으면 또 어떻습니까? 이 세대는 금방 지나갑니다. 유행도 금세 지나갑니다. 이 땅이 아닌 천국을 바라고 자녀를 양육하는 사람, 사람이 아닌 하나님을 바라도록 자녀를 키우는 사람이 결국에는 가장 지혜로운 부모로 드러날 것입니다.

**5. 성경을 아는 자녀로 키워야 합니다.**

물론 부모라고 해서 자녀가 성경을 사랑하도록 가르칠 수 있는 것은 아닙니다. 성령만이 하나님의 말씀을 즐거워하는 마음을 주십니다. 그렇지만 부모는 적어도 자녀가 성경을 잘 알도록 도울 수 있습니다.

성경을 잘 아는 것은 바른 신앙의 토대가 됩니다. 성경을 잘 아는 사람은 새로운 교리와 가르침에 휘둘리지 않습니다. 성경을 아는 지식을 최고의 지식으로 여기지 않는 교육체계는 안전하지도 바르지도 않습니다. 부모인 여러분은 이 점을 반드시 기억해야 합니다. 자녀들이 사는 세상 곳곳에 마귀가 우는 사자와 같이 어슬렁거립니다. 세상 전체에 오류가 만연해 있습니다. 우리 가운데 어떤 사람은 예수 그리스도께 돌려 드려야 할 영광을 교회로 돌립니다. 성례를 영혼의 구원자요 영생을 위한 열쇠로 여기는 사람도 있습니다. 교리문답을 성경보다 더 소중히 여기고, 자녀들에게 성경 말씀 대신 동화책이나 다른 이야기책을 읽어 주는 부모도 있습니다. 하지만 진심으로 자녀를 사랑한다면, 성경을 그들의 영혼을 훈련시키는 유일한 수단으로 삼으십시오. 다른 모든 책은 내려놓으십시오. 혹시 사용하더라도 부차적인 수단으로 여기십시오. 자녀를 교리문답을 달달 외우는 아이로 만들기보다 성경에 능통한 아이로 만드십시오. 하나님께서 기뻐하시고 복을 주시는 자녀 양육이란 바로 이런 것입니다. 시편기자는 "주께서 주의 말씀을 주의 모든 이름보다 높게 하셨음이라"고 하지 않습니까?(시 138:2) 사람들 가운데 하나님의 말씀을 드높이려고 하는 모든 이들에게 하나님께서는 특별한 복을 베푸십니다.

자녀들이 경외함으로 성경을 읽도록 하십시오. 성경을 사람의 말이 아닌 하나님의 성령이 기록하신 하나님의 말씀, 진리의 말씀으로 알고 읽도록 자녀들을 훈련해야 합니다. 그리스도 예수를 믿는 믿음을 통해 우리를 구원에 이르게 할 말씀, 우리를 지혜롭게 만드는 참되고 유익한 말씀으로 여기도록 해야 합니다.

규칙적으로 말씀을 읽도록 자녀들을 훈련하십시오. 말씀을 영혼의 건강을 위해 날마다 먹는 양식으로 여기도록 하십시오. 이렇게 함으로써 여러분이 자녀들에게 줄 수 있는 것은 형식이나 틀 정도임을 저도 잘 압니다. 하지만 이런 형식이나 틀 때문에 상당히 많은 죄들이 자연스럽게 억제됩니다.

자녀들이 성경 전체를 읽도록 만드십시오. 자녀들에게 교리를 가르치기를 주저하지 마십시오. 신앙 교리는 어린 자녀들에게 너무 어렵다는 선입관을 버리십시오. 우리 자녀들은 우리가 생각하는 것보다 성경에 대해 훨씬 더 잘 알 수 있습니다. 또 실제로 더 잘 알고 있습니다.

자녀들에게 죄와 죄책, 죄의 결과, 죄의 능력과 악함을 말해 주십시오. 그러면 그들이 전체는 아니더라도 그중 일부는 이해할 것입니다.

주 예수 그리스도와 우리 구원을 위해 그분이 하신 일들—속죄, 십자가, 보혈, 희생, 중보 등—을 말해 주십시오. 곧 자녀들이 알아듣고 이해하게 될 것입니다.

사람의 마음에 일어나는 성령의 역사를 가르쳐 주십시오. 성령께서 어떻게 마음을 새롭게 하시고 바꾸시는지, 어떻게 사람의 마음을 거룩하게 하시고 정결하게 하시는지 말해 주십시오. 곧 자녀들이 여러분이 말한 진리를 조금씩 이해하게 될 것입니다. 요컨대, 영광스러운 복음의 깊이와 넓이를 자녀들이 어느 정도 이해하고 받아들이는지 우리는 제대로 알지 못합니다. 그럼에도 분명한 점은 우리가 흔히 생각하는 것보다 훨씬 더 많은 것을 자녀들이 알 수 있고 또 알고 있다는 사실입니다.[3]

자녀들의 생각을 성경으로 가득 채우십시오. 성경 말씀이 그들 마음 안에 풍성히 거하도록 하십시오. 자녀들에게 성경을 주십시오. 성경 전체를 주십시오. 아무리 자녀가 어려도 그렇게 해야 합니다.

## 6. 기도하는 습관을 들이도록 하십시오.

기도는 참된 신앙의 호흡입니다. 거듭난 사람이라는 것을 말해 주는 첫 번째 증거입니다. 아나니아를 사울에게 보내시면서 우리 주님이 사울에 대해 하시는 말씀을 들어 보십시오. *"그가 기도하는 중이니라"* (행 9:11). 회심한 사울은 기도하기 시작했습니다. 우리 주님께서는 사울이 기도한다는 사실만으로 그가 회심했다고 확증하십니다.

기도는 죄인이 세상과 분리된 날에 그가 구별된 하나님의 백성이라는 분명한 증거가 됩니다. "그때에 사람들이 비로소 여호와의 이름을 불렀더라"(창 4:26).

기도는 모든 참된 그리스도인의 특징입니다. 참된 그리스도인은 기도합니다. 필요한 것을 하나님께 아룁니다. 하나님 앞에 자신의 감정을 털어놓습니다. 자신이 지금 느끼는 두려움과 필요를 말씀드립니다. 이런 기도는 순전히 그들의 진심에서 나옵니다. 명목상의 그리스도인도 계속해서 기도하기는 합니다. 기도의 내용도 그럴듯합니다. 하지만 그것이 전부입니다.

기도는 사람의 영혼을 바꿔 놓습니다. 하나님 앞에 기도로 무릎 꿇지 않으면 우리의 목회는 무익할 뿐입니다. 우리는 헛되이 수고할 뿐입니다. 여러분이 무릎 꿇기 전까지 여러분은 여러분의 목회에 대해 아무 소망도 가질 수 없습니다.

기도는 영적 성장의 놀라운 비결입니다. 하나님과의 은밀한 교제가 풍성할 때 여러분의 영혼은 비온 뒤 풀밭처럼 무성하게 자랍니다. 하지만 기도하지 않으면 성장이 멈춰 버립니다. 영혼의 생명만 겨우 이어 갈 뿐입니다. 성장하는 그리스도인을 제게 보여주십시오. 앞으로 전진하는 그리스도인을 보여주십시오. 강건한 그리스도인을 보여주십시오. 풍성한 삶을 살아가는 그리스도인을 보여주십시오. 이런 사람들에게서 한결같이 발견되는 사실 하나는, 이들이 자신의 주님과 끊임없이 기도로 교통한다는 것입니다. 그들은 주님께 많이 구하고 많이 받습니다. 예수님께 모든 것을 말씀드리기 때문에 항상 무엇을 어떻게 해야 하는지를 알고 있습니다.

기도는 하나님께서 우리 손에 쥐어 주신 가장 강력한 병기입니다. 어떤 어려운 상황에서도 사용할 수 있는 가장 탁월한 무기입니다. 모든 문제에 적용할 수 있는 확실한 묘약입니다. 약속의 보고寶庫를 여는 열쇠입니다. 때를 따라 은혜와 도우심을 듬뿍 받아 오는 빈손입니다. 필요할 때마다 불어 외치라고 우리에게 주신 하나님의 은나팔입니다. 자녀를 향해 귀를 활짝 열고 있는 어머니처럼 항상 들으시겠다고 약속하신 하나님을 향한 외침입니다.

기도는 하나님께 나아갈 때 사용할 수 있는 가장 단순한 방편입니다. 기도의 방편을 사용하지 못할 사람은 아무도 없습니다. 병든 자, 연로한 자, 연약한 자, 중풍병자, 눈먼 자, 가난한 자, 배우지 못한 자라도 기도할 수 있습니다. 무엇을 정확히 기억하지 못해도, 많이 배우지 못했어도, 책을 많이 읽지 못했어도 상관없습니다. 학자가 아니어도 됩니다. 자기 영혼의 상태를 말씀드릴 입술만 있으면 전혀 문제될 것이 없습니다. 그러므로 심판날에 기도하지 않은 많은 사람들이 "너희가 얻지 못함은 구하지 아니하기 때문"이라는 정죄를 들을 것입니다(약 4:2).

부모 여러분, 진정 자녀들을 사랑한다면 여러분이 가진 모든 권위와 능력으로 그들이 기도하는 습관을 들일 수 있도록 도우십시오. 어떻게 기도를 시작하는지 보여주십시오. 무엇을 기도할지 말해 주십시오. 계속해서 기도하도록 격려해 주십시오. 자녀들이 기도를 소홀히 여기는 모습을 보이면 또다시 그렇게 하십시오. 혹시 자녀가 하나님께 기도하지 않는 사람이 되더라도 그 원인이 부모인 여러분에게 있지 않도록 하십시오. 기도하는 습관은 우리 자녀들이 떼는 신앙의 첫걸음이라는 사실을 잊지 마십시오. 기도는 글을 읽기 전부터 가르칠 수 있습니다. 엄마와 함께 무릎 꿇고 간단한 기도를 따라 하고 찬양하게 할 수 있습니다. 무슨 일이든 첫걸음이 중요한 것처럼, 자녀가 처음 어떻게 기도를 배우는지가 아주 중요합니다. 그러므로 부모들은 이런 점에 주의를 기울여야 합니다. 그러나 정작 기도하는 습관의 중요성을 모르는 사람들이 얼마나 많은지 모릅니다. 자녀들이 후다닥 기도를 해치우는 습관을 갖지 않도록 항상 신경을 쓰십시오.

    이 일을 다른 사람들에게 맡겨서는 안 됩니다. 이제 알아서 하겠지 하면서 자녀를 너무 믿어서도 안 됩니다. 부모라고 하면서 자녀의 삶에서 가장 중요한 부분에 대해 관심을 갖고 돌보지 않는다면 이는 마땅한 책망

거리가 됩니다. 자녀가 기도의 습관을 갖는 것은 우리가 얼마든지 관심을 갖고 도울 수 있는 일이기 때문입니다. 여러분의 자녀가 한 번도 스스로 기도하는 소리를 듣지 못했다면 그것은 부모인 여러분의 책임입니다. 이런 부모는 욥기에서 언급하는 새보다 낫다고 할 수 없습니다. "그것이 알을 땅에 버려두어 흙에서 더워지게 하고 발에 깨어질 것이나 들짐승에게 밟힐 것을 생각하지 아니하고 그 새끼에게 모질게 대함이 제 새끼가 아닌 것처럼 하며 그 고생한 것이 헛되게 될지라도 두려워하지 아니하나니"(욥 39:14-16).

모든 습관 가운데 기도하는 습관만큼 오래 기억되는 것도 없습니다. 많은 사람들이 백발이 성성해서도 어릴 때 부모가 가르쳐 준 기도를 떠올리는 모습을 종종 봅니다. 많은 것들이 그의 마음에서 잊혀지고 사라졌지만 기도를 배운 기억만큼은 고스란히 남아 있습니다. 어릴 적 다녔던 교회나, 그에게 설교해 주셨던 목사님, 함께 뛰놀던 친구들에 대한 기억은 다 사라지고 없을 수 있습니다. 하지만 그가 처음 기도했던 기억은 쉽게 사라지지 않습니다. 자신이 어디서 무릎을 처음 꿇었고, 무슨 기도를 배웠으며, 심지어 기도할 때 부모가 자기를 어떻게 바라보았는지도 기억합니다. 마치 어제 일인 것처럼 생생하게 떠올립니다.

부모 여러분, 여러분이 자녀를 사랑한다면 기도의 씨앗을 뿌리는 시기를 헛되이 보내지 마십시오. 자녀에게 반드시 가르쳐야 할 것이 있다면 그것은 바로 기도하는 습관입니다.

## 7. 은혜의 방편에 부지런히, 규칙적으로 참여하는 습관을 갖도록 자녀들을 훈련하십시오.

자녀들에게 하나님의 집으로 나아가 회중과 더불어 기도할 수 있는 특권과 의무에 대해서 말해 주십시오. 하나님의 백성이 모이는 곳이라면 어디나 주 예수께서 특별하게 임재하신다고 말해 주십시오. 하지만 하나님의 백성이 모이는 자리에 함께하지 않을 때에는, 도마와 같이 함께 모일 때 주시는 복에 참여하지 못할 수도 있음을 말해 주십시오. 선포되는 하나님의 말씀을 듣는 것이 얼마나 중요한지 말해 주십시오. 말씀 설교는 사람의 영혼을 회심케 하고 거룩하게 하고 자라가게 하기 위해 하나님이 정하신 중요한 규례임을 말해 주십시오. "모이기를 폐하는 어떤 사람들의 습관과 같이 하지 말고", 서로 경책하고 권면하고 권하라는 하나님의 말씀을 알게 하십시오(히 10:25). 마지막 날이 가까울수록 더욱 그렇게 해야 한다고 말해 주십시오.

젊은이들은 다 떠나고 없고 이제 인생의 말년을 보내는 교인들만 성찬상으로 나아오는 모습을 보는 것처럼 서글픈 일도 없습니다. 주일학교에서 어린 자녀들을 찾아볼 수 없을 때 정말 마음이 아픕니다. 여러분의 가정이 이런 상황에 일조하는 죄를 범하지 않기를 바랍니다. 주일학교 학생들 외에도 각 교구마다 많은 아이들이 있습니다. 이들의 부모와 친구인 여러분은 이들을 반드시 교회로 데려와야 합니다.

말도 안 되는 핑계를 대며 교회 빠지기를 반복하는 습관을 갖지 못하도록 해야 합니다. 부모인 여러분과 한집에 사는 한, 건강한 모든 가족들은 주일에 교회에 가서 하나님을 영화롭게 하는 것이 여러분 가정의 규례라고 분명히 말하십시오. 주일을 지키지 않는 것은 자기 영혼을 살해하는 일이라고 분명히 말하십시오.

또한 교회에 함께 간 자녀들이 따로 앉지 않고 항상 여러분과 함께 앉아 예배를 드리도록 해야 합니다. 교회에 가는 것과 교회에서 합당하게 행하는 것은 별개입니다. 교회에 갈 뿐 아니라 교회에서 바른 행동을 해야 합니다. 자녀들이 항상 여러분의 시야를 벗어나지 않게 하십시오. 이보다 중요한 일은 없습니다.

어린 자녀들의 마음은 쉽게 분산되기 때문에 집중력을 발휘하기가 어렵습니다. 따라서 자녀들의 집중력을 떨어뜨리지 않도록 모든 노력을 기울여야 합니다. 저는 자녀들이 교회에 부모와 함께 오지 않고 자기들끼리 오는 것을 원치 않습니다. 어쩌다 오가는 길에 나쁜 친구들과 어울리기라도 하면, 주중에 벌인 나쁜 짓보다 더 나쁜 짓들을 주일 한 날에 배울 수 있기 때문입니다. 교회에서 이른바 "어린아이들만 모이는 시간"을 따로 마련하는 것을 저는 좋게 생각하지 않습니다. 이 시간에 오히려 주의력이 떨어져 함부로 행동하기 쉽기 때문입니다. 교회에서 수년을 보낸다고 해서 합당히 행하는 것을 배우리라는 보장은 없습니다. 저는 온 가족이 함께 앉아 예배드리는 것이 바람직하다고 봅니다. 어른과 아이, 남자와 여자 할 것 없이 온 가족이 함께 모여 앉아 하나님을 예배하는 것입니다.

잘 알아듣지 못하는 아이들더러 은혜의 방편에 참여하라고 하는 것은 쇠귀에 경 읽기라고 말하는 사람이 있습니다. 그런 말은 귀담아듣지 않는 것이 좋습니다. 구약성경 어디를 봐도 그런 가르침은 없습니다. 이집트 왕 바로 앞에 선 모세가 말하는 것을 들어 보십시오. "우리가 여호와 앞에 절기를 지킬 것인즉 우리가 남녀노소와 양과 소를 데리고 가겠나이다"(출 10:9). 여호수아가 누구 앞에서 어떻게 율법을 읽었다고 합니까? "여호수아가 이스라엘 온 회중과 여자들과 아이와 그들 중에 동행하는 거류민들 앞에서 낭독하지 아니한 말이 하나도 없었더라"(수 8:35). 출애굽기 34:23은 "너희의 모든 남자"는 매년 세 번씩 주 여호와 이스라엘의 하나님 앞에

보일지라"고 합니다. 구약성경뿐 아니라 신약성경에서도 자녀들이 교회의 공적인 모임에 참여한 것으로 나옵니다. 사도행전에서 누가는 두로에서 제자들을 뒤로하고 떠나는 바울 일행을 묘사하면서 이렇게 말합니다. "이 여러 날을 지낸 후 우리가 떠나갈새 그들이 다 그 처자와 함께 성문 밖까지 전송하거늘 우리가 바닷가에서 무릎을 꿇어 기도하고"(행 21:5).

어린 사무엘은 하나님을 제대로 알기 전부터 성막에서 하나님을 섬긴 것으로 나옵니다. "사무엘이 아직 여호와를 알지 못하고 여호와의 말씀도 아직 그에게 나타나지 아니한 때라"(삼상 3:7). 요한복음 12:16의 "제자들은 처음에 이 일을 깨닫지 못하였다가 예수께서 영광을 얻으신 후에야 이것이 예수께 대하여 기록된 것임과 사람들이 예수께 이같이 한 것임이 생각났더라"는 말씀을 보면, 사도들 역시 주님의 가르침을 받을 당시에는 그것이 무슨 말인지 몰랐던 것 같습니다.

부모 여러분, 자녀들이 은혜의 방편의 가치를 모른다고 낙담할 필요는 없습니다. 일단 빠지지 않고 은혜의 방편에 참여하도록 훈련시키십시오. 성실히 참여하는 것을 가장 중요하고 거룩하고 엄중한 의무로 알도록 하십시오. 그러면 이를 통해 그들의 영혼이 복을 받을 때가 분명히 올 것입니다.

## 8. 부모의 말을 믿고 따르도록 해야 합니다.

자녀들이 부모인 여러분이 하는 말을 믿어야 합니다. 자신의 생각보다 부모인 여러분의 판단을 먼저 신뢰하고 여러분의 생각을 더 존중할 수 있어야 합니다. 여러분이 자녀들에게 무엇이 해롭다고 하면 자녀들이 그것을 해로운 것으로 받고, 이롭다고 하면 이로운 것으로 받을 수 있어야 합니다. 다시 말해, 여러분이 자녀들보다 더 잘 알고 있기 때문에 그들은 여러분의 말을 믿고 따르면 된다고 생각할 수 있게 해야 합니다. 지금 당장은 납득이 안 되지만 언젠가 알게 될 것이라고 기대하도록 해야 합니다. 여러분이 무엇을 말하면 이해가 안 되더라도 그럴 만한 이유가 있을 것이라고 믿도록 해야 합니다. 여러분이 말하는 모든 것은 당연히 해야 하는 일로 여기고 또 그렇게 해야 할 이유가 있는 일로 믿고 순종할 수 있도록 해야 합니다.

진정한 믿음을 가진 사람이 얼마나 복된지요! 불신앙으로 인해 이 세상은 더욱 비참해져 갑니다!

하나님을 믿지 못한 하와는 그분이 먹지 말라고 하신 실과를 먹었습니다. "정녕 죽으리라"는 하나님의 말씀을 의심한 것입니다. 노아의 홍수 전에 살았던 사람들은 노아의 경고를 믿지 않다가 죄 가운데 멸망했습니다. 하나님을 신뢰하지 못한 이스라엘 백성은 광야를 맴돌아야 했습니다. 한마디로, 불신앙이 약속의 땅으로 들어가지 못하게 하는 빗장이 되었던 것입니다. 불신앙 때문에 유대인들은 영광의 주를 십자가에 못 박았습니다. 모세와 예언자들이 기록한 말씀을 날마다 읽었지만 정작 그 말씀은 믿지 않았던 것입니다. 오늘날까지 불신앙의 죄는 사람들의 마음을 지배하고 있습니다. 사람들은 좀처럼 하나님의 약속을 믿지 않습니다. 하나님의 위협을 믿지 않습니다. 자신이 죄악된 인간이라는 사실을 받아들이지 않습니다. 우리가 처한 위험을 믿지 않습니다. 우리의 악한 마음에 가득한 교만과 세속을 지적하고 거스르는 것은 무엇이든 믿지 않습니다. 부모 여러분, 자녀들을 부모의 말을 잘 믿고 신뢰하고 따르는 사람으로 훈련시키지 않으면 무엇을 가르쳐도 허사일 뿐입니다.

자녀들이 이해하지 못하는 것을 요구해서는 안 되고, 또 자녀들에게 무엇을 시킬 때는 그 이유를 세세히 설명해 줘야 한다고 말하는 사람이 있습니다. 그런 말은 귀담아듣지 마십시오. 제가 보기에 그런 생각은 바르지 않을 뿐더러 인간의 부패를 부추길 뿐입니다. 물론 자녀들에게 말할 때 무조건 하라고 할 필요는 없습니다. 차근차근 설명해 주고 이해시켜야 할 부분도 있습니다. 그러면 자녀들이 이성적이고 지혜로운 아이로 자라갈 것입니다. 하지만 무엇이든 자신이 납득하지 못하는 사실은 받아들이지 않거나 행하지 않아도 되는 것처럼 생각한다고 해봅시다. 아직 연약하고 불완전한 지각을 가진 어린 자녀들은 항상 "왜요?", "뭣 때문에요?"라는 말을 입에 달고 다닐 것이고, 말끝마다 설명을 해줘야 할 것입니다. 이는 심각하게 잘못된 생각일 뿐만 아니라 자녀들의 지각에도 악영향을 미치게 될 것입니다.

물론 어떤 경우는 자녀가 아무리 어려도 자녀에게 이유를 설명하고 이해를 시켜야 합니다. 하지만 (진정으로 자녀를 사랑한다면) 자녀가 아직 어린아이라는 사실을 잊지 마십시오. 생각과 이해가 자라지 않은 어린아이에게 모든 것을 다 설명하고, 또 그가 그것을 다 이해하기를 기대하는 것이 더 이상하지 않습니까!

여러분의 자녀에게, 아브라함이 모리아 산으로 이삭을 데려갔을 때 그가 어떤 태도를 취했는지 이야기해 주십시오(창 22장). 자기 아비 아브라함에게 이삭이 물은 것은 단 한 가지였습니다. "번제할 양은 어디 있습니까?" 여기에 대해 아브라함은 "하나님께서 스스로 준비하실 것이다"라고만 말했습니다. 어떻게, 어디서, 언제, 무엇을 통해 준비하실지에 대해서 이삭은 전혀 듣지 못했습니다. 하지만 자기 아비 아브라함의 말 한 마디로 족했습니다. 아들은 모든 것이 다 잘 되고 있는 것으로 믿었습니다. 아버지가 그렇게 말했기 때문입니다. 그러면 된 것입니다. 여러분의 자녀들에게 말해 주십시오. 우리는 모두 배우는 사람들이고, 모든 지식마다 가장 먼저 깨우쳐야 할 기본 지식이 있다고 말입니다. 세상에서 가장 잘 달리는 말도 먼저 그 의지가 한 번 꺾여야 한다고 말입니다. 그리고 언젠가 부모가 되면 왜 그렇게 자녀를 가르치는지 깨닫게 될 것이라고 말입니다. 하지만 그때까지는 부모가 무엇이 옳다고 하면 옳은 것으로 여겨야 합니다. 자녀들은 부모가 말한 것으로 만족해야 합니다.

부모 여러분, 자녀를 훈련하는 데 있어서 한 가지 중요한 점이 있다면, 바로 자녀들이 부모의 말을 믿고 의지하고 따르는 습관을 갖도록 하는 것입니다.

## 9. 순종하는 습관을 갖도록 해야 합니다.

자녀들이 순종하는 아이로 자라갈 수 있다면 아무리 많은 수고를 해도 괜찮습니다. 순종하는 습관처럼 우리 삶에 중요한 영향을 미치는 것도 없기 때문입니다. 부모 여러분, 자녀들로 순종하는 아이가 되게 하겠다고 결심하십시오. 자녀에게 순종을 가르치느라 여러분의 마음이 무너지고 자녀들이 많은 눈물을 쏟아야 한다고 해도, 그것은 그럴 만한 가치가 있을 뿐 아니라 반드시 그렇게 되어야 합니다. 부모로서 여러분이 시키는 일에 자녀가 이의를 제기하거나 따지거나 미루거나 두 번 말하지 않도록 해야 합니다. 여러분이 시켰다는 사실만으로 반드시 그렇게 해야 하는 일로 여기도록 해야 합니다.

순종만이 유일한 믿음의 실체입니다. 순종은 보이는 믿음, 행동하는 믿음, 성육신한 믿음입니다. 순종은 하나님의 백성 가운데 참된 제자가 누구인지를 드러내는 시금석입니다. "내가 명하는 대로 행하면 곧 나의 친구라"(요 15:14). 부모가 무엇을 시키든 자녀가 순종한다면 그것은 양육을 잘 받았다는 분명한 증거입니다. 부모의 말에 기꺼이 기쁜 마음으로 즉시 순종하지 않는데, 하나님이 주신 제5계명의 영광이 어떻게 드러날 수 있겠습니까?

신구약 성경 모두가 일찍부터 자녀들이 순종을 알게

해야 한다고 말씀합니다. 이는 단순히 아브라함의 자식들만의 일이 아닙니다. "내가 그로 그 자식과 권속에게 명하여 여호와의 도를 지켜 의와 공도를 행하게 하려고 그를 택하였나니"(창 18:19). 우리 주 예수 그리스도도 육신의 부모에게 순종했다고 말씀합니다. "예수께서 함께 내려가사 나사렛에 이르러 순종하여 받드시더라"(눅 2:51). 요셉이 어떻게 자기 아비 야곱에게 순종하는지 보십시오(창 37:13). 이사야 예언자는 "젊은이들이 노인에게 버릇없이 대하고, 천한 자들이 귀인에게 마구 덤비는 세태가 되었구나"라고 불순종을 당시의 악으로 개탄하고 있습니다(사 3:5, 공동번역). 사도 바울은 부모에게 불순종하는 것을 종말의 악한 표지들 가운데 하나로 언급하고 있습니다(딤후 3:2). 사도가 어떻게 자녀의 순종을 그리스도인 목사가 가져야 할 필수적인 덕목 가운데 하나로 주목하는지 보십시오. "감독은……자기 집을 잘 다스려 자녀들로 모든 공손함으로 복종하게 하는 자라야 할지며"(딤전 3:4). 또한 이렇게 말합니다. "집사들은 한 아내의 남편이 되어 자녀와 자기 집을 잘 다스리는 자일지니"(딤전 3:12). 다시 말하지만, 목사는 "방탕하다는 비난을 받거나 불순종하는 일이 없는 믿는 자녀를 둔 자라야" 합니다(딛 1:6).

부모 여러분, 여러분의 자녀들이 행복하기를 바랍니까? 그렇다면 여러분의 말에 순종하도록 자녀를 훈련해야 합니다. 무엇을 시켰을 때 즉시 그대로 순종하는 자녀로 키워야 합니다. 제 말을 믿으십시오. 우리는 자유로운 존재로 창조되지 않았습니다. 우리는 자유로운 존재가 아닙니다. 그리스도로 인해 자유롭게 된 것도 그리스도를 주로 섬기기 위함입니다(골 3:24). 자녀들도 이 세상에 보냄 받은 것은 자기 뜻대로 살기 위함이 아니라 순종하기 위함이라는 사실을 속히 배워야 합니다. 빠르면 빠를수록 좋습니다. 자녀가 아직 어릴 때 순종을 가르치십시오. 그때를 놓치면 일생 동안 하나님 앞에서 자기 멋대로 살아갈 것입니다.

여러분, 자녀를 순종하는 아이로 키우는 것은 너무나 중요하고 시급한 일입니다. 주변을 둘러보십시오. 아직 자녀들이 스스로 생각하고 선택할 능력이 없는데도 그렇게 하도록 내버려 두는 부모들이 얼마나 많습니까? 자신의 불순종을 잘못이라 생각하지 않고 변명으로 일관하는 아이들이 주변에 얼마나 많습니까? 제가 아는 한 부모는 항상 자녀들이 하자는 대로 하고 원하는 것을 다 해줍니다. 정말 지켜보기가 민망하고 힘들 정도입니다. 이것은 하나님께서 정하신 질서를 정면으로 거스르고 뒤집어엎는 일입니다. 결국 이 자녀는 아집과 교만과 자기 확신으로 가득 찬 괴물과 같은 모습으로 자랄 것이 분명합니다. 자녀가 이 땅의 아버지에게 순종하지 않아도 나무라지 않는 사람은, 하늘 아버지께 순종하지 않는 사람들을 비난할 수 없습니다.

부모 여러분, 자녀를 사랑합니까? 그렇다면 여러분의 말에 즉시 순종하도록 가르치십시오.

## 10. 항상 진실만을 말하도록 훈련하십시오.

우리가 생각하는 것 이상으로 세상 사람들은 진실을 말하지 않습니다. 그러나 진실만을 말하는 것은 우리 모두가 명심해야 할 황금률입니다. 거짓말과 기만은 인류 역사에서 오랫동안 이어져 내려온 죄입니다. 마귀가 이 모든 죄의 아비입니다. 마귀가 대담한 거짓말로 하와를 속여 인간을 타락하게 한 이래로, 거짓말은 하와를 어미로 둔 모든 인간이 경계해야 할 죄가 되었습니다.

세상이 얼마나 많은 기만과 어리석음으로 가득 차 있는지 생각해 보십시오! 얼마나 과장이 심합니까! 부풀려진 이야기들은 또 얼마나 많습니까! 듣는 사람의 이해관계에 따라 사실이 선별적으로 전해집니다!

주변에 우리가 무조건 신뢰할 만한 말을 하는 사람은 또 얼마나 드문지요! 고대 페르시아 사람들은 당대에 아주 지혜롭기로 소문이 났습니다. 그 주된 이유 가운데 하나는 어릴 때부터 진실만을 말하도록 교육받았기 때문입니다. 진실만을 말하는 데 교육이 필요하다는 사실만큼 인간이 본성적으로 타락한 존재임을 여실히 보여주는 증거도 없습니다.

여러분, 구약성경을 보십시오. 하나님을 가리켜 "진리의 하나님"으로 일컫는 대목이 얼마나 많습니까! 우리가 닮아야 하는 하나님의 가장 주된 성품 가운데 하나가 바로 이 진실함입니다. 하나님은 결코 곧은 길에서 벗어나지 않으십니다. 거짓과 위선을 미워하십니다. 하나님의 이런 성품을 자녀들이 잊지 않도록 하십시오. 자녀들에게 진실하지 못한 것은 모두 거짓이라는 사실을 강조하십시오. 회피하고 변명하고 과장하는 모든 것은 이미 거짓으로 발을 들여놓는 일이기 때문입니다. 어떤 상황에서도 정직하라고 격려하십시오. 그로 인해 치러야 할 대가가 아무리 크더라도 진실만을 말하라고 가르치십시오.

단지 자녀들의 성품만을 위해 이 주제를 강조하는 것이 아닙니다. 부모인 여러분 역시 자녀를 진실로 대해야 합니다. 자녀를 대하면서 여러분 자신이 위로와 도움을 얻기 위해서라도 그렇게 해야 합니다. 그렇게 할 때 자녀들의 말을 항상 신뢰할 수 있게 될 것입니다. 그렇게 할 때 자녀들은 혼자 무엇을 마음에 담아 두거나 숨기지 않아도 됩니다. 그러면 저절로 그런 습관과 멀어집니다. 진실하지 못한 부모 때문에 이런 습관을 갖게 된 자녀들이 참 많습니다. 자녀들의 솔직함과 정직함은, 대개 그들이 아주 어렸을 때 부모가 그들을 진실하게 대하느냐에 달려 있습니다.

## 11. 항상 세월을 아끼는 습관을 갖도록 훈련시켜야 합니다.

게으름은 마귀의 절친한 친구입니다. 마귀는 우리의 게으름을 틈타 우리에게 해를 가합니다. 게으름은 활짝 열린 문입니다. 이 문으로 마귀가 들어옵니다. 직접 들어오지 않더라도 나쁜 생각을 불러일으킬 만한 무엇을 던져 넣습니다.

게으르게 창조된 피조물은 없습니다. 하나님이 만드신 모든 피조물은 각자 해야 할 일이 있고 이 일을 통해 섬겨야 할 몫이 있습니다. 하늘에 있는 천사도 일을 합니다. 항상 부지런히 하나님의 뜻을 준행합니다. 아담 역시 낙원에 있을 때 하는 일이 있었습니다. 에덴동산을 가꾸고 돌보았습니다. 영광중에 있는 구속된 성도들 역시 하는 일이 있습니다. "밤낮 쉬지 않고 자신들을 구속하신 분께 찬양과 영광을 돌립니다." 죄악되고 연약한 인간은 반드시 무엇인가를 해야 합니다. 그렇지 않으면 그의 영혼은 곧 병들어 버립니다. 부지런히 움직이고 끊임없이 생각해야 합니다. 그렇지 않으면 우리의 상상력은 곧장 불온한 행동을 낳기 때문입니다.

우리의 자녀들도 마찬가지입니다. 할 일이 없는 사람에게는 화가 있습니다! 유대인들은 게으르고 빈둥거리는 것을 적극적인 죄로 보았습니다. 그래서 이들은 자녀들에게 유용한 기술을 가르쳤습니다. 그들이 옳았습니다. 오늘날 어떤 사람보다 이들이 사람의 마음을 더 잘 간파했습니다.

소돔은 게으름 때문에 소돔이 되었습니다. "네 아우 소돔의 죄악은 이러하니 그와 그의 딸들에게 교만함과 음식물의 풍족함과 태평함이 있음이며"(겔 16:49). 다윗이 우리아의 아내와 저지른 끔찍한 죄 역시 게으름과 연관이 있습니다. 사무엘하 11장에 보면 요압이 암몬을 치러 군대를 이끌고 전장에 나갔지만 "다윗은 예루살렘에 그대로" 있었습니다. 얼마나 태평합니까? 저녁에 다윗이 자기 침상에서 일어나 한가로이 왕궁 옥상을 거닐

다가 밧세바를 보았고, 곧 끔찍하고 비참한 죄를 짓고 맙니다.

저는 진실로 게으름이 다른 어떤 습관보다 많은 죄를 끌어들인다고 생각합니다. 게으름은 많은 육체의 일들—간음, 음란, 방탕함 등 수많은 어둠의 일들—을 낳는 어미입니다. 제 말이 사실인지 아닌지 양심적으로 대답해 보십시오. 여러분이 게으름이라는 문을 내는 즉시 마귀는 그 문을 박차고 들어갈 것입니다.

주변의 모든 것이 똑같은 교훈을 주고 있다는 사실이 저에게는 새삼스럽지 않습니다. 게으름은 썩어 냄새나는 고인 물과 같습니다. 반면에 흐르는 물은 항상 맑습니다. 증기엔진이 있다면 냄새나는 고인 물로 가동을 시켜 보십시오. 금세 고장이 날 것입니다. 말은 훈련을 시켜야 합니다. 규칙적으로 운동을 하는 말은 항상 좋은 상태를 유지합니다. 건강한 몸을 지켜 가고 싶다면 운동을 해야 합니다. 영혼이라고 다르지 않습니다. 계속해서 부지런히 움직이는 마음은, 불화살을 쏘는 마귀에게 매우 까다로운 표적입니다. 유익한 일들로 힘써 밭을 갈아 보십시오. 원수가 가라지를 뿌리고 갈 여지가 없습니다. 여러분, 이런 내용을 자녀들과 함께 나누십시오. 자녀들에게 시간이 얼마나 소중한지 가르쳐 주십시오. 시간을 잘 활용하는 습관을 들이도록 하십시오. 손에 무엇을 들고 빈둥거리기만 하는 어린아이들을 보는 것은 여간 힘든 일이 아닙니다. 아이들이 보다 적극적으로 부지런히 무엇을 하는 모습을 보고 싶습니다. 온 마음을 다해 무엇을 하는 것을 보고 싶습니다. 배워야 할 때 힘써 배우는 자녀들을 보기 원합니다. 심지어 놀 때조차 노는 둥 마는 둥 하지 않고 힘써 놀기를 원합니다.

자녀들이 잘되기를 바란다면, 게으름이 죄라는 것을 가르쳐 주십시오.

## 12. 자녀를 훈련한다고 하면서도 너무 관대하게 대하는 것은 아닌지 항상 돌아봐야 합니다.

이는 늘 깨어서 살펴봐야 할 부분입니다. 사람은 자신의 혈육을 보다 너그럽게 대합니다. 인간으로서 자연스러운 일입니다. 하지만 이 또한 지나치지 않도록 해야 합니다. 이런 본성적 성향 때문에 자기 자녀들의 잘못을 보지 못하거나 그들에 대한 합당한 권고를 흘려듣는 일이 없어야 합니다. 자녀들의 잘못된 행위를 벌하고 바로잡는 아픔을 감내하기보다 못 본 척 지나가지 않도록 조심하십시오.

자녀를 벌하고 잘못을 바로잡는 것은 달가운 일이 아님을 저도 잘 압니다. 사랑하는 자녀에게 고통을 주고 그 맑은 눈에 눈물이 고이게 하는 것처럼 내키지 않는 일도 없습니다. 하지만 사람의 본성은 모두 똑같습니다. 내 자녀의 마음이라고 부패하지 않은 것이 아닙니다. 흔히 아이들은 체벌 없이도 잘 클 수 있다고 하는데, 사람의 본성을 생각하면 크게 잘못된 생각입니다.

안타깝게도, '응석받이로 만든다spoiling'는 말이 시사하는 바가 큽니다. 제멋대로 하도록 내버려 두는 것처럼 자녀를 망치는 지름길도 없습니다. 제 말을 믿으십시오. 아이를 망치고 싶지 않다면 어떤 대가를 치러서라도 아이가 제멋대로 행동하지 않도록 하십시오. 다음 말씀들을 보면 성경이 이 문제를 직접 언급하지 않는다고 말할 수 없을 것입니다.

"매를 아끼는 자는 그의 자식을 미워함이라. 자식을 사랑하는 자는 근실히 징계하느니라"(잠 13:24).

"네가 네 아들에게 희망이 있은즉 그를 징계하되 죽일 마음은 두지 말지니라"(잠 19:18).[5]

"아이의 마음에는 미련한 것이 얽혔으나 징계하는 채찍이 이를 멀리 쫓아내리라"(잠 22:15).

"아이를 훈계하지 아니하려고 하지 말라. 채찍으로 그를 때릴지라도 그가 죽지 아니하리라. 네가 그를 채찍으로 때리면 그의 영혼을 스올에서 구원하리라"(잠 23:13, 14).

"채찍과 꾸지람이 지혜를 주거늘 임의로 행하게 버려둔 자식은 어미를 욕되게 하느니라. 네 자식을 징계하라. 그리하면 그가 너를 평안하게 하겠고 또 네 마음에 기쁨을 주리라"(잠 29:15, 17).

성경은 자녀를 훈계하는 일에 대해 이처럼 강하게 말씀합니다! 하지만 많은 그리스도인 가정들이 이런 말씀들을 거의 알지 못하는 것처럼 보입니다! 자녀들에게 훈계를 해야 하는데도 거의 하지 않습니다. 매를 들어야 하는데 좀처럼 들지 않습니다. 잠언의 이런 말씀들을 시대에 맞지 않는 진부한 이야기로 치부합니다. 그러나 잠언은 진부한 말씀이 아닙니다. 그리스도인에게 맞지 않는 말씀도 아닙니다. 오직 하나님의 영감으로 된 말씀입니다. 우리를 유익하게 하는 말씀입니다. 로마서와 에베소서와 마찬가지로 우리를 교훈하기 위해 주신 말씀입니다. 이런 성경의 권고와 조언을 무시하고 자녀를 키우는 그리스도인이 있다면, 그는 이 성경책을 주신 하나님보다 스스로를 더 지혜롭게 만드는 것입니다. 이는 심각하게 잘못된 태도입니다.

부모 여러분, 자녀가 잘못했음에도 벌하지 않는다면 여러분은 자녀에게 가장 몹쓸 짓을 하는 것입니다. 여러분에게 경고합니다. 이는 각 세대마다 하나님의 성도들이 자주 걸려 넘어지고 실패한 부분입니다. 이렇게 호소합니다. 시대가 악합니다. 지혜로운 자가 되십시오. 걸림돌을 제거하십시오. 엘리 제사장을 보십시오. 그의 아들들인 홉니와 비느하스가 "스스로 저주받을 일을 하는 줄 알면서도 자식들을 책망하지 않았다"고 성경은 말씀합니다(삼상 3:13, 새번역). 아비로서 그들의 잘못을 엄히 꾸짖고 벌해야 함에도 말로만 타이르고 말았습니다. 다시 말해, 하나님보다 자식들을 더 소중히 여긴 것입니다. 그 결과 무슨 일이 일어났습니까? 그는 전장에 나간 두 아들이 죽었다는 소식을 들어야만 했습니다. 결국 이 소식을 듣고 깊은 슬픔에 빠져 무덤으로 내려갔습니다(삼상 2:22-29, 3:13).

다윗를 보십시오. 그의 자녀들에 대한 기록과 그들의 죄를 아무렇지 않게 읽어 내려갈 수 있는 사람이 있습니까? 암논의 근친상간, 압살롬의 살인과 반역, 아도니야의 궤계와 야망을 보십시오. 다윗은 하나님의 마음에 합한 사람이었지만, 자신의 집안에서 일어난 일로 말로 다 할 수 없는 슬픔을 겪었습니다. 정말 견디기 힘든 일이었음이 분명합니다. 다윗은 왜 그런 일들을 겪어야 했습니까? 아도니야의 말 속에서 이에 대한 실마리를 찾을 수 있습니다. "그의 아버지가 네가 어찌하여 그리 하였느냐고 하는 말로 한 번도 그를 섭섭하게 한 일이 없었더라"(왕상 1:6). 이 모든 참극이 일어날 수밖에 없는 이유가 있었습니다. 다윗은 자식에게 너무 관대한 아비였던 것입니다. 자녀들이 제멋대로 하도록 내버려 두는 아비였던 것입니다. 결국 자신이 뿌린 씨를 거둬야 했습니다.

부모 여러분, 자녀들을 위해서라도 그들이 하는 대로 내버려 두지 마십시오. 꼭 기억하십시오. 여러분의 가장 우선된 의무는, 그들이 원하고 바라는 것보다 진정으로 그들에게 필요한 것이 무엇인지를 아는 것입니다. 자녀들의 비위를 맞추기보다 그들을 훈련하는 것입니다. 그저 자녀들을 기쁘게 하기보다 자녀들에게 유익한 일을 행하십시오.

아무리 자녀들이 사랑스러워도 그들의 변덕과 기분을 다 맞춰 주어서는 안 됩니다. 자신이 바라는 것이 전부인 줄 착각하게 해서는 안 됩니다. 자기가 바라는 것은 어떤 일이 있어도 그대로 되어야 하고 또 그렇게 되는 것을 당연한 것으로 생각하도록 해서는 안 됩니다. 하나님께서 여러분의 어리석음을 깨닫게 하시려고 여러분의 자녀를 데려가시기 전에, 자녀를 우상처럼 떠받들기를 그치십시오. 간곡히 부탁합니다.

거절이 필요할 때 단호히 거절할 수 있어야 합니다. 부모인 여러분이 보기에 합당하지 않은 요구는 거절할 수 있다는 것을 자녀들에게 보여주십시오. 불순종하면 벌이 따른다는 것을 보여주십시오. 말로만 위협하고 그치는 일이 없어야 합니다. 반드시 불순종에는 결과가 따른다는 사실을 자녀가 알아야 합니다. 자녀에게 위협하는 말을 자주 하지 않도록 하십시오.[6] 이런 빈말과 위협이 자녀에게 미치는 부정적인 영향은 평생을 갑니다. 체벌은 가끔 하되, 할 때는 제대로 진지하게 해야 합니다. 시도 때도 없이 자주 하기만 할 뿐 제대로 체벌하지 않는 것만큼 해로운 것도 없습니다.[7]

사소한 잘못이라도 대수롭지 않게 여겨 그냥 지나치지 않도록 하십시오. 자녀를 훈련하는 데 사소한 잘못은 없습니다. 모든 것이 중요합니다. 잡초는 아무리 작아도 꼭 뽑아 주어야 합니다. 아직 작다고 한번 그대로 놔둬 보십시오. 곧 무성하게 번져 갈 것입니다. 여러분, 부모인 우리가 주목해야 할 한 가지가 있다면 바로 이것입니다. 여러 가지로 번거롭고 마음을 어렵게 할 일이라는 것도 잘 압니다. 하지만 자녀들이 아직 어릴 때 이 모든 어려움과 불편함을 감당하는 것이 낫습니다. 지금 하기 싫어서 자꾸 미루고 외면하면 나중에 자녀들이 자라서 감내해야 할 어려움만 커질 뿐입니다. 무엇을 택하시겠습니까?

## 13. 하나님께서 그분의 자녀들을 어떻게 훈련하시는지 항상 기억하면서 자녀들을 훈련하십시오.

하나님께는 택하신 백성이 있다고 성경은 말씀합니다. 그 백성은 이 세상에 있는 하나님의 가족입니다. 죄인인 것을 절감하고 그리스도께로 나아가 화평함을 얻는 모든 불쌍한 죄인들이 이 가족의 구성원입니다. 자신의 구원을 위해 진실로 그리스도를 믿는 우리 모두가 이 가족에 속합니다. 성부 하나님은 항상 함께 거하게 될 그분 가족의 영원한 거처인 천국에 걸맞게 그들을 훈련하십니다. 과수원의 가지를 치듯이 그분의 가족을 다듬으셔서 많은 열매를 맺도록 하십니다.

하나님께서는 우리 각자의 성품을 잘 아십니다. 우리가 항상 넘어지는 죄가 무엇인지도 잘 아십니다. 우리의 연약함과 간절한 필요도 너무나 잘 아십니다. 우리가 하는 일이 무엇이고 어디서 살고 친구가 누구며 지금 맞닥뜨린 시험이 무엇인지, 또 우리가 누리는 특권이 무엇인지도 아십니다. 하나님께서는 이 모든 것을 다 아실 뿐 아니라 항상 우리에게 유익이 되도록 이 모든 것을 조정하십니다. 하나님께서는 섭리 가운데 우리가 가장 많은 열매를 얻을 수 있도록 각자에게 필요한 것을 나누어 주십니다. 우리가 감당할 수 있는 햇빛과 비를 주시고, 우리가 감당할 수 있는 고통과 기쁨을 주십니다. 여러분, 자녀를 지혜로운 아이로 자라게 하고 싶습니까? 성부 하나님께서 그분의 자녀들을 어떻게 키우고 훈련하시는지를 기억하십시오. 그분은 모든 일을 합당하게 행하십니다. 그분의 계획은 항상 옳습니다.

자기 자녀들을 그토록 사랑하시는 하나님이라도 그들이 원하는 것을 다 주시지는 않습니다. 하나님의 자녀라고 해서 바라는 것을 항상 다 얻습니까? 그들이 아무리 간절히 원해도 하나님이 보시기에 그것이 합당하지 않으면 절대 허락하지 않으십니다. 그것을 가로막는 일들이 꼭 생깁니다. 마치 하나님께서 우리 손이 닿지 않는 높은 곳에 그것을 두시면서 "네게 유익하지 않아. 네가 가져서는 안 되는 것이야"라고 말씀하시는 것 같습니다.

모세가 얼마나 가나안 땅으로 들어가고 싶었겠습니까? 하나님이 약속하신 비옥한 땅을 얼마나 보고 싶었겠습니까? 하지만 하나님께서는 결코 허락하지 않으셨습니다. 우리가 보기에 캄캄한 미지의 길로 우리를 인도하시는 때가 얼마나 많은지 보십시오. 하나님께서 우리를 다루시는 모든 의미를 우리가 어찌 다 알겠습니까? 하나님의 인도를 따라 딛는 우리의 발걸음이 얼마나 합당한지 우리는 다 알지 못합니다. 때로 무수한 시험이 닥쳐오고 수많은 난관들이 우리를 에워싸면 이 길이 도대체 나에게 필요한 것인지 의구심이 듭니다. 우리의 하늘 아버지가 우리 손을 이끌고 캄캄한 길로 가시며 "아무것도 묻지 말고 그냥 따라오기만 해라"고 말씀하시는 것 같습니다.

이집트에서 가나안으로 곧장 들어가는 길이 있었습니다. 하지만 하나님께서는 그분의 백성을 그 길로 인도하지 않으셨습니다. 광야로 데리고 들어가셨습니다. 당시에는 도무지 납득이 되지 않는 일이었습니다. 하지만 성경은 뭐라고 말씀합니까? "이 백성이 전쟁을 하게 되면 마음을 돌이켜 애굽으로 돌아갈까 하셨음이라"(출 13:17, 민 21:4).

때로 하나님께서 어떻게 그분의 백성을 시험과 고난으로 채근하시는지 보십시오. 고난과 낙심을 당하게 하십니다. 질병으로 드러눕게도 하십니다. 친구들과 소유를 빼앗기도 하십니다. 한 곳에서 다른 곳으로 옮기기도 하십니다. 육신적으로는 도무지 이해하기 어려운 일들로 우리를 찾아오십니다. 감당하기 힘든 무게에 짓눌려 거의 탈진하는 사람들도 있습니다. 도무지 견디지 못하고 자기를 채근하는 손길을 원망하고 투덜거리기까지 합니다. 사도 바울은 육체에 가시를 가지고 있었습니다. 우리는 그것이 무엇인지 모르지만 그의 몸을 힘들게 하는 것이었음에 틀림없습니다. 아시다시피 하나님께 그것을 제해 주시기를 구했지만 그분은 그렇게 하시지 않았습니다(고후 12:8, 9).

그럼에도 하나님의 자녀 가운데 하늘 아버지가 자신을 부당하게 대하신다고 생각한 사람이 단 한 명이라도 있었습니까? 없었습니다. 제가 알기로 그렇게 생각한 사람은 단 한 명도 없었습니다. 결국 하나님의 자녀들이 한결같이 하는 고백이 무엇입니까? 자기가 원한 대로 되지 않은 것이 얼마나 감사한지 모르겠다는 것 아닙니까? 하나님께서 원하시는 길이 가장 최선이고 최상이었다고 고백하지 않습니까? 그렇습니다! 자신이 바라던 대로 되지 않은 것이 더 큰 복이라고 말합니다. 당시에는 막막하고 캄캄했지만 그 길이 바로 평강과 기쁨의 길이었다고 고백합니다.

하나님께서 그분의 백성을 다루시는 방식이 여러분에게 주는 교훈이 무엇인지 깨닫고 그것을 마음에 새기십시오. 자녀에게 해가 될 만한 것을 허락하지 마십시오. 자녀가 무엇을 얼마나 원하든 상관없습니다. 거절하기를 두려워하지 마십시오. 여러분이 그렇게 하는 것이 바로 여러분의 자녀를 향한 하나님의 계획입니다. 지금 당장은 자녀가 지혜롭지 못하고 합당하지 않다고 여긴다 해도, 자녀에게 유익한 것으로 판단되면 지체 없이 자녀에게 요구하십시오. 하나님께서 그분의 자녀들을 그렇게 대하십니다.

아무리 힘겹고 고통스럽다고 해도 자녀 영혼의 건강을 위해 필요하다고 판단되면 자녀를 채근하고 벌하기를 주저하지 마십시오. 입에 쓰다고 자녀의 몸에 필요한 약을 거부하게 놔두겠습니까? 하나님께서도 그분의 자녀에게 그렇게 하십니다.

자녀를 벌하면 자녀가 행복해지지 않을 것이라고 생각하면서 뒤로 물러서서는 안 됩니다. 속지 마십시오.

항상 자신이 원하는 대로 하는 것처럼 불행에 이르는 확실한 길도 없습니다. 우리의 의지를 부정하고 억제하는 것이 우리의 복입니다. 그렇게 할 때 우리는 참된 즐거움을 맛봅니다. 항상 자신이 원하는 대로 하려고 하는 사람은 곧 이기적인 사람이 됩니다. 이기적인 사람과 응석받이 자녀들은 행복할 수 없습니다. 제 말을 믿으십시오.

여러분, 하나님보다 더 지혜로운 자가 되려고 하지 마십시오. 하나님께서 그분의 자녀를 훈련하시듯이 여러분의 자녀를 훈련하십시오.

## 14. 부모로서 모범이 되어야 합니다.

부모인 여러분이 삶으로 뒷받침하지 못하는 훈계와 가르침과 명령은 자녀에게 유익이 되지 않습니다. 행위로 자신의 말을 입증하지 못하는 여러분에게 자녀들은 진정성을 느끼지 못할 것입니다. 틸로트슨Tillotson 대주교가 한 지혜로운 말을 들어 보십시오. "한편으로 자녀들에게 입바른 가르침을 주고 다른 한편으로는 나쁜 모범이 되는 것은, 말로는 천국으로 이르는 길을 가르치면서 손을 잡아 지옥으로 이끄는 것과 같다."

본보기가 얼마나 큰 영향을 주는지 사람들은 제대로 모르는 것 같습니다. 원하든 원하지 않든 세상에 자기만을 위해 사는 사람은 없습니다. 죄로 이끌든 하나님께로 향하게 하든, 선하든 악하든 어떤 식으로든 주변에 영향을 줍니다. 사람들은 우리의 행동과 태도와 삶의 방식에 주목합니다. 우리의 모습을 보며 우리에 대해 생각하고 판단합니다. 하지만 제가 믿기로 부모의 행위와 모범만큼 자녀에게 크고 직접적인 영향을 주는 것은 없습니다.

부모 여러분, 자녀들은 귀보다 눈으로 더 많은 것을 배우고 받아들인다는 사실을 잊지 마십시오. 가정만큼 성품에 깊은 영향을 주는 학교도 없습니다. 탁월한 선생이 아무리 많은 것을 가르쳐도, 가정에서 자녀들이 배우고 영향 받는 것에는 비할 바가 못 됩니다. 모방은 기억보다 자녀들에게 훨씬 더 강력한 원리로 자리 잡습니다. 귀로 듣는 것보다 눈으로 보는 것이 그들의 마음에 더 깊이 각인됩니다.

그러므로 자녀들 앞에서 하는 행동에 항상 신경을 쓰십시오. "자녀들 앞에서 짓는 죄는 배나 더 악하다"는 말은 정말 옳습니다. 여러분은 온 가족이 읽을 수 있는 살아 있는 그리스도의 편지가 되십시오. 하나님의 말씀을 경외하는 데 모범이 되십시오. 기도와 은혜의 방편과 주일을 소중히 여기는 데 모범을 보이십시오. 말, 태도, 성품, 근면함, 믿음, 사랑, 자애로움, 겸손함에 있어서 본을 보이십시오. 자녀들이 여러분보다 더 낫게 행동할 것이라고 기대하지 마십시오. 여러분은 자녀들의 본보기입니다. 여러분의 모습을 그대로 따라갈 것입니다. 여러분의 가르침, 설득, 지혜로운 말, 좋은 충고 같은 것들은 이해하지 못할 수도 있습니다. 하지만 여러분의 삶만큼은 자녀들이 분명히 알아듣습니다.

자녀는 주도면밀한 관찰자입니다. 특히 부모의 위선적인 모습은 놓치지 않습니다. 여러분이 무엇을 생각하고 어떻게 느끼는지 금방 알아차리고 그대로 따릅니다. 부모가 자녀를 간파하는 것 이상으로 부모를 간파

합니다.

정복자 카이사르가 전장에서 병사들에게 항상 외쳤던 말이 있습니다. 그는 병사들에게 "전진하라"고 하지 않았습니다. 항상 "나를 따르라"고 했습니다. 자녀를 훈련하는 여러분도 그렇게 해야 합니다. 부모인 여러분이 경멸하는 습관을 따라갈 자녀는 없습니다. 여러분이 싫어하는 길을 갈 리 없습니다. 자신은 하지 않으면서 가르치기만 하는 부모는 도무지 앞으로 나가지 못할 걸음을 걷는 것입니다. 하루 종일 쳤다가 밤새 풀기를 계속하는, 펜넬로페의 우화에 나오는 거미줄과 같습니다. 그렇다면 스스로 좋은 본보기가 되지 않은 채 자녀를 훈련하는 부모는, 집을 짓는 것 같지만 사실상 그 집을 자기 손으로 허무는 사람들입니다.

## 15. 죄가 얼마나 강력한지 항상 잊지 않도록 훈련하십시오.

부모가 자녀에게 가질 수 있는 비성경적인 기대들을 간단하게 언급하겠습니다. 자녀의 마음이, 바른 도구를 사용하기만 하면 문제될 것이 없는 깨끗한 종이라고 생각하면 안 됩니다. 단언하건대, 자녀들의 마음은 깨끗하지 않습니다. 어린 자녀들이라 할지라도 그 마음이 얼마나 부패하고 악한지 모릅니다. 그리고 곧 그 모습을 드러내기 시작합니다. 못된 성질, 고집, 교만, 시기, 불평, 흥분, 나태함, 이기심, 속임수, 영악함, 어리석음, 위선으로 나타납니다. 나쁜 것을 배우는 데는 민첩하고, 선한 것을 배우는 데는 고통스러울 만큼 더딥니다. 자기가 원하는 것을 얻기 위해서는 무슨 일이든 기꺼이 하려고 합니다. 이 모든 것, 혹은 적어도 많은 부분들을 자녀들에게서 곧 보게 될 것입니다. 아니, 이미 보고 있는지도 모르겠습니다. 여러분의 피붙이에게서 말입니다. 아주 어릴 때부터 이런 것들이 조금씩 배어 나오기 시작합니다. 이런 모습들이 자연스럽게 우러나오는 것을 보면 때로 경악을 금치 못합니다. 우리 자녀들은 죄를 배우기 위해 따로 학교에 다닐 필요가 없습니다.

하지만 눈에 드러나는 모습 때문에 실망하거나 낙담

할 필요는 없습니다. 어린아이들의 마음이 이토록 많은 죄로 가득 차 있는 것이 이상한 일이라고 생각할 필요는 없습니다. 우리의 아비 아담으로부터 물려받은 유산일 뿐입니다. 너 나 할 것 없이 우리 모두는 애초에 이런 타락한 본성을 갖고 태어났습니다. 오히려 우리는 하나님이 주신 복을 힘입고 모든 합당한 수단을 동원해서 이 비참한 현실에 맞서야 합니다. 또한 이런 사실을 잘 아는 부모로서 자녀들이 시험에 들게 하지 않기 위해 더욱 세심한 주의를 기울여야 합니다.

여러분의 자녀들이 착하고 정직하게 잘 자랐다고 하는 칭찬에 으쓱하지 마십시오. 오히려 그들의 마음은 언제라도 죄로 활활 타오를 수 있다고 생각하십시오. 아무리 탁월한 자녀라 해도 그들 스스로가 원할 수 있는 것은 그 부패한 본성에 불을 댕기는 것뿐이라는 사실을 기억하십시오. 이런 자녀들에 대해 부모는 아무리 조심해도 지나침이 없습니다. 여러분 자녀의 본성이 부패했음을 늘 기억하고 세심한 주의를 기울이십시오.

16. 성경의 약속을 항상 기억하도록 자녀를 훈련하십시오.

이 부분 역시 자녀들 때문에 실망하는 일이 없도록 하기 위해 간단하게 말씀드리겠습니다. 우리에게는 분명한 약속이 있습니다. "마땅히 행할 길을 아이에게 가르치라. 그리하면 늙어도 그것을 떠나지 아니하리라"(잠 22:6). 이런 약속이 의미하는 바가 무엇인지 생각해 보십시오. 성경이 기록되기 전에는 약속이 믿음의 조상들의 마음을 밝히는 유일한 소망의 등불이었습니다. 에녹, 노아, 아브라함, 이삭, 야곱, 요셉 등 모두가 하나님께로부터 받은 약속을 힘입어 살았고 영혼이 번성했습니다. 세대를 막론하고 약속은 신자들을 붙들어 주고 강건하게 하는 묘약이었습니다. 그렇다면 기록된 약속의 말씀을 바로 곁에 둔 우리는 결코 낙담할 필요가 없습니다. 부모 여러분, 마음이 낙심되고 포기하고 싶을 때 약속의 말씀을 펴고 위로를 얻으십시오.

약속을 주신 분이 누구인지 생각하십시오. 이 약속은 거짓과 후회를 일삼는 사람의 말이 아닙니다. 언제나 변함없으신 만왕의 왕께서 주신 약속의 말씀입니다. 그런 분이 말씀하신 대로 행하시지 않겠습니까? 말씀하신 것을 그대로 이루시지 않겠습니까? 하나님께서 하지 못하실 일은 없습니다. 사람에게 불가능한 일도 하나님께는 모두 가능합니다. 여러분, 우리가 이 약속의 말씀을 통해 유익을 얻지 못한다면 문제는 우리 자신에게 있는 것입니다. 하나님 때문이 아닙니다.

앞에서 말한 잠언의 약속이 주는 위로를 거부하기 전에, 이 말씀의 의미가 무엇인지 먼저 생각해 보십시오. 이 말씀은 바른 훈련이 결실을 보는 특정한 때를 언급합니다—"늙어도" 그 길을 떠나지 않는다고 말씀합니다. 이 얼마나 위로가 넘치는 말씀입니까! 부모인 여러분은 이미 이 세상을 떠나 그 결실을 보지 못할지도 모릅니다. 어떤 결실을 맺을지 모를 수밖에 없습니다. 하나님은 모든 것을 한 번에 다 주시지 않습니다. "나중에"는 자연적으로나 영적으로 하나님께서 일하시기로 정하신 때를 가리킵니다. "나중에"는 고난이 의와 화평의 열매로 영그는 때를 가리킵니다(히 12:11). "나중에"

는 자기 아비의 포도원에서 일하기를 거부했던 아들이 회개하고 포도원으로 가는 때입니다(마 21:29). "나중에"는 지금 당장은 결실을 보지 못하는 부모가 고대하는 때입니다. 하지만 부모인 여러분이 먼저 소망으로 씨를 뿌리고 심어야 합니다.

성령께서 "너는 네 떡을 물 위에 던져라. 여러 날 후에 도로 찾으리라"고 하십니다(전 11:1). 심판날이 되면, 부모가 살아 있는 동안에는 훈련한 보람과 결실을 전혀 보이지 않던 많은 자녀들이 일어나서 자신을 바르게 훈련시킨 부모들에게 감사를 표할 것입니다. 그러니 믿음으로 이 일을 계속해 가십시오. 여러분의 수고와 노력은 결코 헛되지 않을 것입니다. 엘리야가 세 번 그 몸을 눕힌 후에야 과부의 아들이 다시 살아났습니다. 한두 번 노력으로 포기하지 마십시오. 끝까지 견디고 이기십시오.

17. 바른 자녀양육을 위한 노력에 하나님께서 복 주시기를 쉬지 말고 기도하십시오.

하나님께서 복 주시지 않으면 여러분이 아무리 노력해도 전부 헛수고가 됩니다. 모든 인생의 마음은 하나님의 손안에 있습니다. 하나님께서 성령을 통해 여러분 자녀의 마음을 감화하지 않으시면 여러분이 아무리 애를 써도 어떤 결실도 얻지 못할 것입니다. 그러므로 여러분이 뿌린 훈련이라는 씨앗에 기도라는 물 주기를 쉬지 마십시오. 하나님께서는 우리가 기도하려고 하는 마음보다 훨씬 더 기꺼이 우리의 기도를 듣고자 하십니다. 우리가 구한 복보다 훨씬 더 큰 복을 주시려고 예비하셨습니다. 하지만 하나님께서는 그런 것들을 위해 우리가 먼저 기도하는 모습을 보고 싶어 하십니다. 부모로서 여러분이 하는 모든 노력을 봉하는 인印이자 가장 마지막에 얹는 돌로 기도를 말하는 것도 이 때문입니다. 부모의 많은 기도를 받고 자란 자녀들이 버림받는 경우는 거의 드뭅니다.

야곱이 자기 자녀들을 생각했던 것처럼 여러분도 자녀들을 그렇게 바라보십시오. 에서가 야곱에게 함께 온 자들이 누구냐고 묻자 그는 "하나님이 주의 종에게 은혜로 주신 자식들이니이다"라고 대답했습니다(창 33:5). 요셉이 자녀들을 대한 것처럼 자녀들에게 하십시오. "하나님이 여기서 내게 주신 아들들이니이다"(창 48:9). 시편기자와 같이 자녀들을 "여호와의 기업이요 태의 열매는 그의 상급"이라고 여기십시오(시 127:3). 하나님께서 친히 주신 선물이니 은혜와 긍휼을 베풀어 달라고, 거룩한 담대함으로 간구하십시오. 자신의 아들 이스마엘을 사랑하므로 아브라함이 그를 위해 중보한 것을 들어 보십시오. "이스마엘이나 하나님 앞에 살기를 원하나이다"(창 17:18). 마노아가 삼손에 대하여 천사에게 뭐라고 묻는지 들어 보십시오. "이 아이를 어떻게 기르며 우리가 그에게 어떻게 행하리이까"(삿 13:12). 욥이 얼마나 자상하게 자녀들의 영혼을 위하고 돌보았는지 모릅니다. "그들이 차례대로 잔치를 끝내면 욥이 그들을 불러다가 성결하게 하되 아침에 일어나서 그들의 명수대로 번제를 드렸으니 이는 욥이 말하기를 혹시 내 아들들이 죄를 범하여 마음으로 하나님을 욕되게 하였을까 함이라. 욥의 행위가 항상 이러하였더라"

(욥 1:5). 부모 여러분, 여러분의 자녀를 사랑합니까? 가서 이와 같이 하십시오. 여러분이 아무리 자주 은혜의 자리로 나아가 여러분 자녀의 이름을 불러도 늘 부족할 것입니다.

여러분, 자녀들을 천국을 향해 나아가는 성도로 양육하고 싶습니까? 그렇다면 여러분이 쓸 수 있는 모든 은혜의 방편들을 힘써 사용하십시오.

3장

# 영혼을 소중히 여기라

이제 결론적으로 은혜의 방편들이 얼마나 필요하고 중요한지 다시 한 번 강조하고 이 글을 마치겠습니다.

주권적인 하나님은 모든 것을 그 기쁘신 뜻대로 주장하시는 분입니다. 아시다시피, 르호보암은 솔로몬의 아들이고, 므낫세는 히스기야의 아들입니다. 경건한 왕의 슬하에서도 악한 왕이 났습니다. 부모가 경건하다고 자식들까지 항상 경건한 것은 아닙니다. 하지만 하나님은 방편을 통해 역사하시는 분이기 때문에, 제가 말씀드린 방편들을 소홀히 여기는 부모의 자녀들이 좋은 모습으로 드러나기는 어렵습니다.

부모 여러분, 여러분의 자녀들이 세례를 받았고 이

미 교회 명부에 이름이 올랐을 수도 있습니다. 자녀들이 세례를 받을 때 후견인으로 함께 자리했던 경건한 사람들이 자녀를 위해 기도할 수도 있습니다. 좋은 학교에 보내고 성경과 기도집을 사주고 많은 지식을 불어넣어 줄 수도 있습니다. 그러나 가정에서 일상적인 훈련을 하지 않는다면 이 모든 것들이 여러분 자녀들의 영혼에 큰 유익이 안 될 수도 있습니다. 가정은 습관이 형성되는 장場입니다. 가정은 성품을 일구기 시작하는 곳입니다. 가정을 통해 자녀의 기호와 관심과 생각들이 형성됩니다. 그렇다면 가정에서 자녀들을 양육하는 데 세심한 주의를 기울여야 하지 않겠습니까? 여러분이 그런 부모이기를 기도합니다. 새뮤얼 볼턴Samuel Bolton이 임종을 앞두고 자기 자녀들에게 말한 것처럼, "너희 중 한 사람도 그리스도의 재판정 앞에서 거듭나지 못한 사람으로 나를 대면할 일은 없는 것 같구나" 하고 말할 수 있는 부모는 복됩니다.

부모 여러분, 하나님과 주 예수 그리스도 앞에서 엄중히 권합니다. 자녀들이 마땅히 행할 바대로 행하도록 훈련하십시오. 이를 위해 모든 수고를 아끼지 마십시오. 이는 단지 여러분 자녀들의 영혼 때문만이 아닙니다. 가까운 장래에 여러분이 누릴 행복과 평강을 위해서도 너무나 중요한 일입니다. 그렇습니다. 여러분 자신을 위해서라도 반드시 그렇게 하십시오. 앞으로 누릴 행복이 대부분 여기에 달렸습니다. 자녀들은 활입니다. 부모의 심장을 꿰뚫는 뾰족한 화살들을 가진 활 말입니다.

자녀들로 인해 부모는 가장 비통한 고통의 잔을 마십니다. 자녀들 때문에 가장 슬픈 눈물을 흘립니다. 아담이 그렇게 말했을 것입니다. 야곱도 그렇게 말했을 것입니다. 다윗 역시 그렇게 말했을 것입니다. 자녀들이 부모에게 주는 슬픔과 비교할 만한 것은 세상에 없습니다. 오, 조심하십시오! 자녀양육을 소홀히 하다가 노년에 큰 비참함을 맛보시겠습니까? 여러분의 눈이 침침해지고 육신의 기력이 다해 갈 때 자식에게 냉대를 당하며 눈물을 훔치는 말년을 보내겠습니까?

자녀들로 인해 풍성하고 행복한 말년을 보내고 싶습

## 영혼을 소중히 여기라

니까? 자녀들이 여러분을 향한 저주가 아니라 복으로, 근심이 아니라 기쁨으로, 르우벤이 아니라 유다로, 오르바가 아니라 룻으로 느껴지기를 바랍니까? 노아처럼 자녀들의 행실 때문에 수치를 당하고, 리브가처럼 자녀로 인해 인생이 소진되기를 원치 않는다면, 잠자리에 들 때마다 제가 준 충고를 기억하십시오. 아직 자녀들이 어릴 때 바른 길을 가도록 훈육하십시오.

이 글을 읽는 여러분이 먼저 자신의 영혼을 소중히 여길 수 있기를 기도합니다. 오늘날 세례가 형식으로 그치고, 그리스도인의 자녀양육 방식이 멸시를 받는 이유가 무엇입니까? 바로 부모가 자신의 영혼을 소중히 여기지 않기 때문입니다. 자신의 영혼을 소중하게 여기지 못하는 부모는 자녀의 영혼 역시 소중히 여기지 못할 것이기 때문입니다. 이런 부모는 본성 아래 있는 상태와 은혜 아래 있는 상태의 차이를 모릅니다. 그렇기 때문에 착하기만 하면 자녀들이 본성 안에 머물러도 크게 상관하지 않습니다.

죄는 하나님께서 가증하게 여기시는 것이라고 주님

이 말씀하십니다. 부모된 여러분이 자녀의 죄를 슬퍼하고 재빨리 자녀를 불에서 건지기를 바라십니다.

하나님께서는 그리스도가 얼마나 소중한 분이신지, 그분이 우리 구원을 위해 이루신 일이 얼마나 권능 있고 완전한 것인지를 말씀하십니다. 그러므로 자녀들이 그리스도를 힘입어 살 수 있도록, 부모인 여러분이 가능한 모든 수단을 사용하십시오. 영혼을 일깨우고 새롭게 하고 거룩하게 하기 위해서는 성령이 필요하다고 말씀하십니다. 그러므로 성령이 그들의 마음에 권능으로 임하셔서 새로운 피조물을 만드시기까지, 쉬지 말고 이를 위해 기도하라고 자녀들에게 가르치십시오.

주님께서 주신 이런 가르침으로 자녀들을 잘 훈련하고 양육하십시오. 이생뿐 아니라 내생을 위해서 말입니다. 이 땅에서의 삶은 물론 천국에서의 삶을 위해서 자녀들을 잘 양육하십시오. 하나님과 그리스도와 자녀들의 영생을 위해 그들을 잘 양육하십시오.

## 주

1. 한 사람의 목사로서, 저는 사람들이 자기 자녀를 다루는 문제만큼 고집스럽게 자신의 주장을 굽히지 않는 경우도 없다고 생각합니다. 양식 있는 그리스도인 부모들조차 잘못된 길로 가고 있는 자녀들을 방관하거나 잘못을 바로잡는 일에는 더딘 것을 심심치 않게 봅니다. 자녀들의 잘못보다 부모 자신의 죄에 대해 말하고 싶은 경우가 얼마나 많은지 모릅니다.
2. "어릴 때 받은 양육이 사람의 판단과 습관적 사고에 미치는 영향을 인식하지 못하는 사람은 삶이 무엇인지 아직 제대로 모르는 것이다. 유아기에 배운 것들은 평생에 걸쳐 드러난다"라고 리처드 세실Richard Cecil이 말합니다.
3. 신앙교육을 시작하기 적합한 연령에 대해 정해진 원칙은 없습니다. 자녀마다 각각 다르기 때문입니다. 다른 아이들보다 훨씬 빨리 시작하는 아이들도 있습니다. 하지만 신앙교육을 빨리 시작해서 문제될 것은 없습니다. 세 살 배기만 되도 놀라울 정도로 많은 것을 배우고 습득할 수 있습니다. 이를 뒷받침하는 많은 연구결과들이 있습니다.

4. KJV은 "모든 남자"에 해당하는 말을 "all your men-children"이라고 번역합니다—옮긴이.

5. KJV만큼은 이 구절의 후반부를 "자녀가 운다고 마음이 약해져서는 안 된다"고 번역합니다—옮긴이.

6. 자녀들이 조금만 문제를 일으켜도 습관적으로 입에서 "정말 못됐어"라는 말이 튀어나오는 부모들이 있습니다. 이는 아주 어리석은 습관입니다. 정당한 이유 없이 나무라는 말을 입버릇처럼 사용해서는 안 됩니다.

7. 자녀를 체벌하는 문제 역시 획일적인 규칙이 있는 것은 아닙니다. 자녀마다 성품이 제각각이기 때문입니다. 호된 체벌이 필요한 아이가 있는 반면에 그런 체벌이 전혀 필요 없는 아이도 있습니다. 다만 어떤 일이 있어도 아이들에게 매를 들어서는 안 된다는 현대의 잘못된 개념은 단호히 거부합니다. 물론 폭력적이고 지나친 체벌을 가하는 부모가 없다는 말이 아닙니다. 하지만 제가 우려하는 점은, 오히려 너무 많은 부모들이 필요한 만큼 체벌을 하지 않고 있다는 것입니다.